가장 쉬운 초등 창업

장형운 · 이주리 · 이조은 · 이성강 · 정선아 · 윤지원

테크빌교육

장형운(올라피쌤)
서울 연가초등학교 교사
2021~2023 KDI초등경제교육
직무연수 강사
교사크리에이터협회
경제금융교육연구회

이주리(통섭쌤)
서울 대치초등학교 교사
경제금융교육연구회
AI융합교육연구회
『슬기로운 AI공부생활』 저자

이조은
남양주양지초등학교 교사
2023 창비원격교육연수원 강사
경제금융교육연구회
경기도 초등경제교육연구회

이성강(월도쌤)
지행초등학교 교사
2023 창비원격교육연수원 강사
경기도초등경제교육연구회장
경제금융교육연구회

정선아(티티쌤)
김천부곡초등학교 교사
2022 KDI경제교육대상 특별상 수상
경제금융교육연구회

윤지원
평택효덕초등학교 교사
경제금융교육연구회
경기도 초등경제교육연구회

초판 1쇄 2023년 2월 22일
초판 2쇄 2025년 6월 25일

지은이_장형운·이주리·이조은·이성강·정선아·윤지원

발행인_이형세
펴낸곳_테크빌교육(주)
주소_서울시 강남구 언주로 551, 프라자빌딩 5층, 8층
전화_02-3442-7783 (333)   팩스_02-3442-7793

ⓒ장형운·이주리·이조은·이성강·정선아·윤지원, 2023
ISBN 979-11-6346-780-9 (73320)

▶ 잘못된 책은 구입한 서점에서 바꿔 드립니다.
▶ 이 책의 무단 전재와 복제를 금합니다.

책머리에

여러분은 재산이라고 하면 무엇이 떠오르시나요? 현대사회에서는 돈, 아파트, 빌딩, 토지 외에도 사람의 상상과 아이디어에서 출발한 문학, 예술 작품, 발명품 등도 재산이 됩니다. 우리는 이를 '지식 재산'이라고 하고, '지식 재산권'이라는 권리를 부여하고 있습니다.

미국의 경우에는 전체 수출의 50% 이상을 지식 재산권이 차지하여 무역의 효자 노릇을 한다고 합니다. 즉, 제품을 만들어 팔지 않고, 핵심 기술에 대한 지식 재산권만으로도 전 세계 여러 나라들로부터 많은 돈을 벌어들인다는 것입니다. 이처럼 세계 각국은 첨단 기술 분야에 집중적으로 투자하고 연구를 촉진하고 있습니다.

우리나라는 IT(정보통신기술) 강국으로 발전하고 있지만, 아쉽게도 관련 핵심 기술의 지식 재산권 중 일부를 선진국에 의존하고 있습니다. 핵심 기술에 대한 지식 재산권을 확보하는 것이 큰 과제로 남아있는 상황입니다. 이 과제의 수행 여부는 아이들의 창의성을 어떻게 키우느냐에 달려있다고 해도 과언이 아닙니다. 초등학교 시절부터 항상 새로운 아이디어를 생각하는 습관을 갖는 학생들이 하나둘 늘어난다면 우리나라의 국가 경쟁력도 강화될 것입니다. 우리 저자들은 생각하는 습관을 들이는 교육이 바로 창업 교육이라고 생각합니다.

우리 교육과정에서는 창업 교육의 중요성이 간과되어 있습니다. 창업 교육은 단순한 경제교육의 한 분야가 아니라 학생의 창의적 역량, 의사소통 역량 등, 학생의 잠재력을 극대화할 수 있는 현대교육의 새로운 패러다임입니다. 많은 교과를 융합하여 구성할 수 있는 프로젝트 수업임에도 불구하고 교육 현장에서는 사업의 위험성만 염려하여 학생들이 창업 과정 중에 얻는 가치를 간과합니다.

창업 교육 과정에서 학생들은 자신을 되돌아볼 기회를 얻고 이를 통해 세상과 소통하는 법을 배웁니다. 학생들에게 하고 싶은 것이 무엇인지 물어보면 대부분 생각해 본 적이 없다고 답변합니다. 자신의 흥미와 능력이 무엇인지 깊이 생각해 볼 기회가 없었기 때문입니다. 창업 교육을 통해 학생들은 끊임없이 질문하고, 기업가 정신을 통해 문제를 스스로 해결해 나갑니다. 과제의 빈칸을 채워 나가는 교육이 아니라, 생활 속에서 발견한 문제에서 새로운 생각과 해답을 찾으며 창의적 역량을 키웁니다. 창업 교육이 학생들에게 힘든 과정이지만, 결국 자신만의 답을 찾아 창업 제품으로 발전시킵니다. 그리고 제품을 상호 평가하며 끊임없이 아이디어를 수정하고 보완하여 발전시켜 나갑니다.

창업 교육 과정에서 학생들은 문제 발견하기, 아이디어 생성, 문제 해결하기, 토론하기, 역할 정하기, 역할 수행하기, 정산하기 등 많은 영역에 도전하며 그 어떤 수업보다 많은 성

김천부곡초등학교에서 개최한 창업박람회 프로젝트 활동 모습과 기업노트 예시.(정선아 제공)

장을 경험합니다. 누적된 경험을 바탕으로 학생들은 능동적인 기회 인식능력과 메타인지, 자기조절능력이 뛰어난 학생으로 자라납니다.

최근에는 인공지능, 빅데이터, 사물 인터넷 등의 정보 기술이 크게 발전하여 과거와 달리 큰 규모의 제조 공장이 없어도 기술적 아이디어를 발전시킨 창업 사례가 늘고 있습니다. 이에 대학에서도 꾸준하게 창업 코스를 개설하여 기회를 제공해 왔습니다. 특히 2022학년도 하반기부터 과학기술정보통신부 주관 아래 단국대, 경희대 등을 시작으로 논문 없이 창업하면 졸업할 수 있는 창업 실무형 교육과정으로 운영되는 'STAR-Academy(지역 과학 기술성과 실용화 대학원)'이 개설되었습니다. 이제 정부에서도 대학 실험실 안에서 탄생한 좋은 아이디어와 기술이 상아탑을 벗어나 시장까지 안착하도록 제도를 만들기 시작하고 있습니다.

우리 아이들이 성인이 될 즈음에는 취업을 위해 대기업에 들어가거나 안정된 직업을 갖기 위해 시험 준비를 하기보다는, 뜻 맞고 생각이 비슷한 사람들끼리 모여 창업을 준비하는 것이 자연스러운 일이 될 것입니다.

첫 도전으로 창업에 성공하기란 매우 어렵고 사실상 불가능에 가깝습니다. 하지만 머지않은 미래에 창업의 시대가 도래하고, 창업이 여러 번 도전과 실패를 반복해야 하는 일이라면 어릴 적 학교라는 안전한 비계 안에서 창업의 경험을 해 본 학생들은 무엇과도 바꿀 수 없는 큰 자산을 가지고 시작하게 될 것입니다.

이에 우리 저자들은 1학기, 혹은 1년 단위의 워크북을 제작하고 실행하여 보았습니다. 그 속에서의 많은 시행착오를 통해 더욱 좋은 자료를 만들어 보고자 애썼습니다. 학생들이 이 책의 많은 물음을 통해 스스로의 미래를 개척해 나가는 진취적인 어른으로 한 걸음 더 성장하기를 바랍니다.

2023년 1월 저자 일동

차 례

책머리에   3

1 기업

1. 기업의 시작을 찾아요   10
2. 우리도 기업가가 될 수 있어요   14
3. 기업가 정신이란 무엇일까요?   18
4. 사회와 기업의 관계를 알아보아요   22

2 기업의 가치

1. 기업은 어떤 세상을 꿈꿀까요?   28
2. 누구의 문제를 해결할까요?   32
3. 어떤 문제를 해결할까요?   36
4. 어떻게 문제를 해결할까요?   40

3 상품

1 아이디어를 상품으로 발전시켜요   46
2 상품가격을 정해요   50
3 상품을 평가해요   54
4 사업에 필요한 것을 배워요   58

4 홍보

1 상품을 홍보해요   64
2 상품을 판매해요   68
3 더 큰 기업으로 성장해요   72

부록   76

1 기업

1 기업의 시작을 찾아요

활동1	재화와 서비스를 판매하는 기업	월 일
활동2	듣거나 본 적 있는 기업 떠올리기	월 일
활동3	내가 알고 있는 기업 살펴보기	월 일
활동4	다양한 기업 탐구하기	월 일

2 우리도 기업가가 될 수 있어요

활동1	어린이 기업가 알아보기	월 일
활동2	나의 뇌구조 그리기	월 일
활동3	나의 재능으로 할 수 있는 일 알아보기	월 일
활동4	나의 기업가적 잠재력 찾기	월 일

관련 성취기준

6사06-01 다양한 경제활동 사례를 통해 가계와 기업의 경제적 역할을 파악하고, 가계와 기업의 합리적 선택 방법을 탐색한다.

6사08-06 지속가능한 미래를 건설하기 위한 과제(친환경적 생산과 소비 방식 확산, 빈곤과 기아 퇴치, 문화적 편견과 차별 해소 등)를 조사하고, 세계 시민으로서 이에 적극 참여하는 방안을 모색한다.

4국03-03 관심 있는 주제에 대해 자신의 의견이 드러나게 글을 쓴다.

6국01-05 매체 자료를 활용하여 내용을 효과적으로 발표한다.

3 기업가 정신이란 무엇일까요?

활동1	기업가 정신 알기	월 일
활동2	기업가의 인생 그래프와 기업가 정신	월 일
활동3	나만의 위기극복 이야기 만들기	월 일
활동4	기업가 정신 포스터 만들기	월 일

4 사회와 기업의 관계를 알아보아요

활동1	기업의 사회적 역할 알기	월 일
활동2	환경에도 관심을 갖는 기업	월 일
활동3	함께 성장하는 기업과 사회	월 일
활동4	올바른 기업이 되어 선택하기	월 일

기업의 시작을 찾아요

기업은 다양한 자원을 이용하여 재화나 서비스를 생산하고 판매하여 이윤을 얻는 조직이에요. 우리가 알고 있는 삼성이나 카카오 모두 기업이에요. 이런 기업들은 경제에서 어떤 역할을 할까요? 생활 속의 다양한 기업을 알아보고 이 기업들은 무엇을 만드는지, 어떤 서비스를 제공하는지 알아봅시다.

1 재화와 서비스를 판매하는 기업

1 생활 속에서 여러분이 자주 사용하는 물건 5가지를 써 봅시다.

2 다음 중 재화에 모두 동그라미 해 봅시다.

유튜브　책가방　네이버 지도　세탁기　게임　영상 편집 앱
자동차　공책　지문 인식기술　통역　시계　카카오톡
라면　휴대폰　관광 안내　컴퓨터　연필　넷플릭스　배달 앱
텔레비전　TV 광고　떡볶이　내비게이션　방송 통신 기술

 휴대폰, 텔레비전, 자동차, 가방, 학용품 등과 같이 형태가 있는 물건을 **재화**라고 해요.

3 생활 속에서 여러분이 자주 사용하는 서비스 5가지를 써 봅시다.

 재화와 달리 형태가 없는 것은 **서비스**예요. 위에서 동그라미 표시를 하지 않은 것들이지요. 예를 들어 돈을 내고 배달을 받거나 관광 안내처럼 특정한 도움을 받는 것, 카카오톡 같은 앱이 서비스예요.

2 듣거나 본 적 있는 기업 떠올리기

1 다음 색깔을 보면 떠오르는 기업을 연결해 봅시다.

① 🟢 · · ㉠ 페이스북, 삼성 등

② 🔵 · · ㉡ 스타벅스, 네이버 등

③ 🟠 · · ㉢ 나이키, 아디다스, 무신사 등

④ ⚫ · · ㉣ 쿠팡, 코카콜라, 유니클로 등

2 아래 재화와 서비스를 보고 떠오르는 기업을 모두 써 봅시다.

| ① 휴대전화 |
| ② 자동차 |
| ③ 영상 |
| ④ 배달 |
| ⑤ 라면 |
| ⑥ 가전제품 |

3 기업 하나를 고르고, 관련된 특징 5가지(색깔, 재화나 서비스 등)를 이용해서 친구들과 다섯 고개 놀이를 해 봅시다.

> 친구들에게 어려운 힌트부터 하나씩 이야기하면서 퀴즈를 내고 정답을 적어 봅시다.

| 예 | ① 초록색 ② 검색창 ③ 지식인 ④ 블로그 ⑤ 웹툰 | 정답 <u>네이버</u> |

① ② ③
④ ⑤ 정답

1 기업

 ## 내가 알고 있는 기업 살펴보기

1 여러분의 경험을 생각하며 아래 기업의 로고에 표시해 봅시다.

> 예 ○ : 본 적이 있는 기업 ☆ : 재화와 서비스를 이용해 본 기업
>
> ○☆는 겹쳐도 괜찮아요.
>
> SAMSUNG LG SK DOOSAN
> NAVER kakao LINE NHN NEXON
> Microsoft KB toss K bank citi
> coupang 우아한형제들 CJ adidas NIKE
> BURGER KING baskin robbins Starbucks CU 오뚜기 McDonald's
> GS S-OIL Coca-Cola 농심
> Google HYUNDAI YouTube MBC

2 다양한 기업을 알아본 소감을 써 봅시다.

> ㉮ 우리 주변에 수많은 기업이 있다는 것을 알게 되었다. 한 기업에서 다양한 제품과 서비스를 제공하는 걸 알게 되었다. (삼성-휴대폰, 가전+IT기술 등)

4 다양한 기업 탐구하기

월
일

1 더 자세히 알아보고 싶은 기업을 인터넷에서 조사해 봅시다.

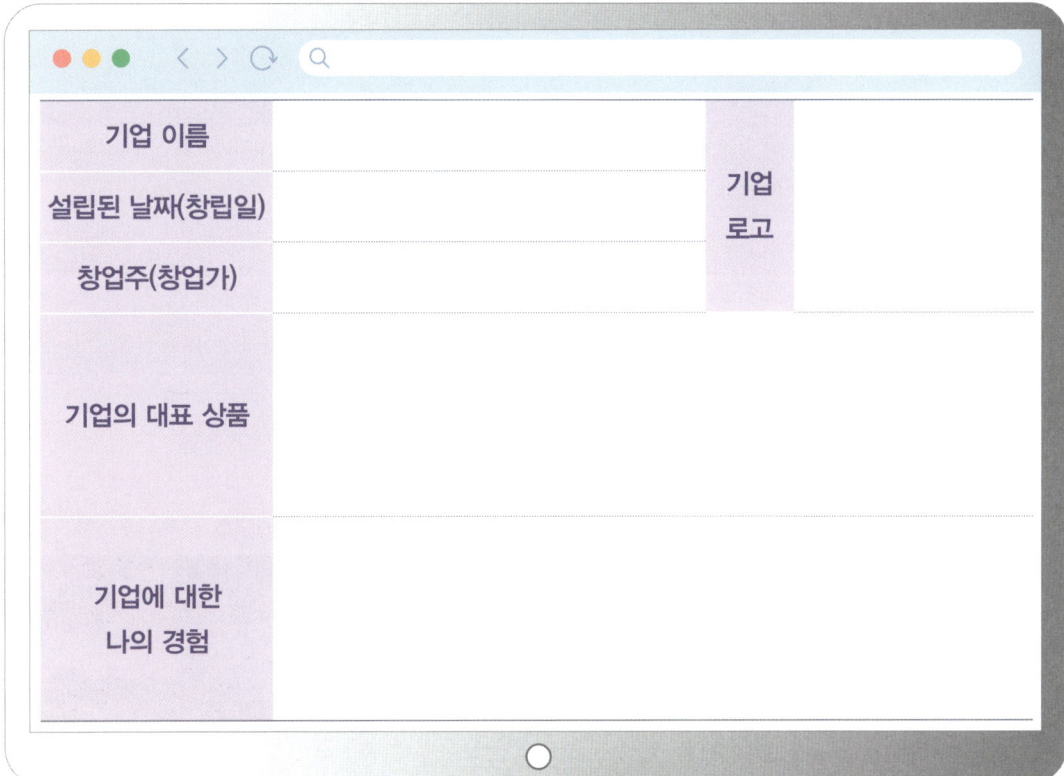

기업 이름		기업 로고
설립된 날짜(창립일)		
창업주(창업가)		
기업의 대표 상품		
기업에 대한 나의 경험		

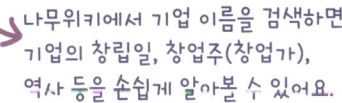

나무위키에서 기업 이름을 검색하면 기업의 창립일, 창업주(창업가), 역사 등을 손쉽게 알아볼 수 있어요.

2 기업을 조사하고, 새롭게 알게 된 점이나 더 알아보고 싶은 점 등을 써 봅시다.

_____
_____
_____

 1. 기업에 대한 정보를 알맞게 잘 찾았나요? ☆☆☆☆☆
2. 기업에 대해 더 자세히 알게 되었나요? ☆☆☆☆☆

우리도 기업가가 될 수 있어요

기업에 대한 궁금증이 조금은 풀렸나요? 그런데 흔히 우리가 알고 있는 대기업만 기업은 아니에요. **어린이들도 충분히 기업을 시작할 수 있답니다.** 나도 기업가가 될 수 있다는 마음으로 '기업의 시작'을 따라가 봅시다.

기업을 만들어 사업활동을 시작하는 것을 **창업**이라고 해요.

 **어린이 기업가 알아보기**

어린이 쿠키 사업가 코리

미국에 사는 '코리 니브스(Cory Nieves)'라는 소년은 9살의 어린 나이에 '미스터 코리'라는 쿠키 브랜드 운영을 시작했어요. 코리가 처음 쿠키 사업을 시작한 것은 2010년으로, 설탕이 덜 들어간 천연 재료를 사용했고, 비교적 저렴한 가격에 판매했지요. 게다가 그는 직접 SNS를 운영하며 소비자와 소통했는데, 코리의 패션 감각에 환호하는 사람들이 점차 늘었고 쿠키는 훨씬 많이 팔리게 되었어요. 또 대학에 가서 사업을 더 잘 운영할 수 있는 방법을 배우는 것이 꿈이라고 밝혔지요. 오랜 시간이 지난 지금도 그의 기업은 운영 중이랍니다.

©미스터 코리 홈페이지

1. 코리는 무엇을 파는 기업을 운영하고 있나요?

2. 코리의 장점이 무엇인지 이야기에서 찾아 써 봅시다.

3 내가 기업가가 된다면, 재능과 장점을 활용하여 무슨 일을 하고 있을지, 미래에는 어떤 일이 벌어질지 상상하여 써 봅시다.

제목 : (직업   )이(가) 된 (이름   )

_____

_____

_____

2 나의 뇌구조 그리기

1 내가 요즘 관심 있는 것을 떠올려 보고, 예를 참고하여 다음 그림에 정리해 봅시다.

위대한 기업가
                의 뇌구조

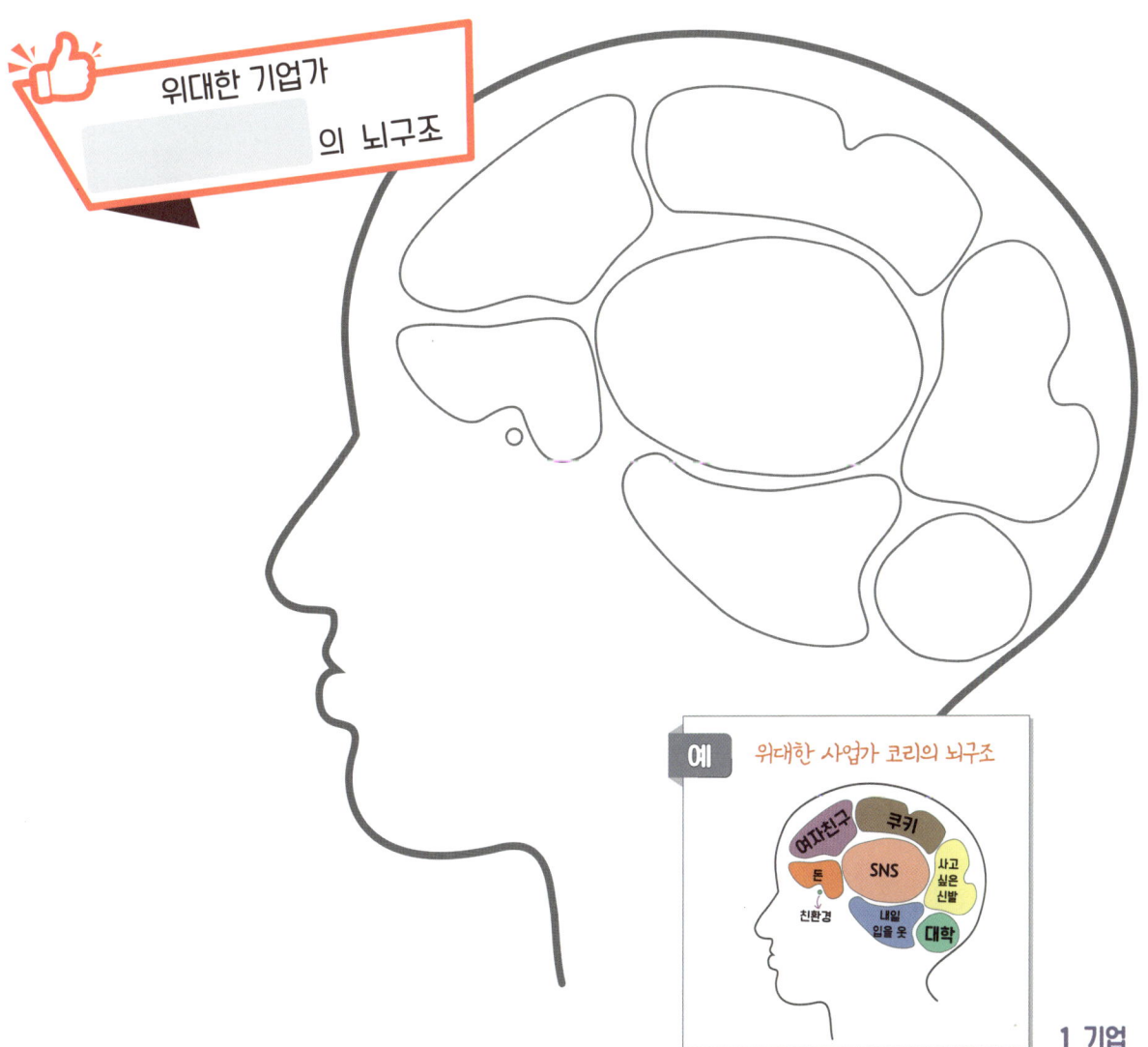

예 위대한 사업가 코리의 뇌구조

3 나의 재능으로 할 수 있는 일 알아보기

1 우리는 각자 잘하는 것이 많아요. 나의 재능을 적고, 그 재능으로 할 수 있는 일도 연결하여 적어 봅시다.(여러 재능을 합쳐서 적어도 좋습니다.)

예	재능	재능으로 할 수 있는 일
	SNS 소통 쿠키 만들기	내가 만든 쿠키를 SNS로 홍보하기

재능

재능으로 할 수 있는 일

재능

재능으로 할 수 있는 일

재능

재능으로 할 수 있는 일

재능

재능으로 할 수 있는 일

> 사소한 것이라도 좋아요.
> 평소 자주 하는 것을 떠올려 봐요.

4 나의 기업가적 잠재력 찾기

월
일

1 나에게는 어떤 기업가적 잠재력이 있나요? 창업할 때 유리한 점을 칭찬하는 상장을 자기에게 수여해 봅시다.

20   년   월   일

초등창업교실

1. 기업가가 될 수 있는 나만의 장점을 찾았나요? ☆☆☆☆☆
2. 기업가가 될 수 있다는 자신감이 생겼나요? ☆☆☆☆☆

3 기업가 정신이란 무엇일까요?

'기업가' 하면 떠오르는 인물이 있나요? 기업가들은 '시대 흐름에 따라 미래를 예측하며, 새로운 환경에 대해 도전하고 창의적으로 문제를 해결하는 혁신적인 정신'으로 행동합니다. 기업가들에게서 공통적으로 찾을 수 있는 정신을 가리켜 우리는 '기업가 정신'이라고 해요.

1 기업가 정신 알기

1 인물과 관련된 기업가 정신 키워드를 [보기]에서 골라 적어 봅시다.

| 예 | 도전 정신 | 창의적 | 사회적 책임 | 용기 |

스티브 잡스

1976년 애플을 설립한 스티브 잡스(Steve Jobs)는 개인용 컴퓨터(PC)를 만들어서 사람들이 손쉽게 가정에서도 컴퓨터를 이용할 수 있게 했어요. 그리고 '음악+전화+인터넷'이 하나로 합쳐진 아이폰을 만들었어요. 이는 그 당시에 누구도 생각하지 못한 혁신적인 제품이지요.

[　　　　　]으로 신제품을 개발하고 개인용 컴퓨터 시대를 열었어요.

정주영

현대그룹을 세운 창업자 정주영은 1950년 한국전쟁 전후로 어려운 조건에서도 현대자동차, 현대중공업, 현대조선 등을 세웠어요. 그는 문제가 생기면 언제나 현장에 직접 나가 적극적으로 해결했어요. 현대그룹은 세계 시장으로 진출했고, 한국 경제 발전에도 크게 기여했어요.

[　　　　]와 [　　　　　　]으로 목표를 이뤄 기업을 세웠어요.

유일한

1926년 미국에서 제약회사 유한양행을 설립한 유일한은 기업에서 번 돈으로 활발하게 독립운동을 펼쳤어요. 우리나라 교육을 위한 학교를 설립하고 자신의 재산을 사회에 되돌려 주며 누구보다 지위에 따른 도덕적 의무와 책임을 실천했어요.

기업의 [　　　　　　　　]을 강조하고 실천했어요.

2 기업가의 인생 그래프와 기업가 정신

1 내가 조사하고 싶은 기업가에 대한 책을 읽고 그에 대해 알아봅시다. 부록 76쪽

기업 이름   기업가 이름

2 기업가의 위기와 극복 스토리에 대해 알아보고, 기업가의 인생 그래프를 그려 봅시다.

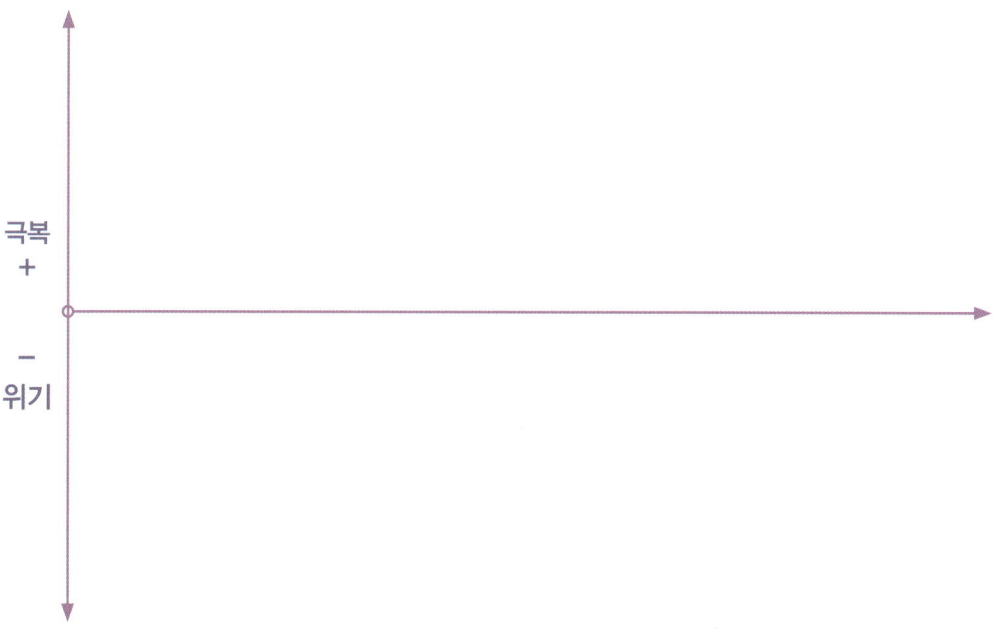

3 그래프를 그리면서 기업가에게 본받고 싶은 점을 적어 봅시다.

본받고 싶은 점

기업가 정신

3 나만의 위기극복 이야기 만들기

◆ 기업가 정신은 위기 속에서 더욱 빛나며 위대한 기업을 탄생시킵니다. 다음 이야기를 읽어 봅시다.

> **대형 놀이공원을 운영하는 기업 A**
>
> 기업 A가 운영하는 놀이공원 A는 우리 지역에서 가장 크고 놀이기구가 많아서 고객들이 많이 찾는 곳이에요. 그런데 올해 가까운 곳에 새로운 대형 놀이공원 K가 생기자 작년보다 놀이공원을 이용하는 사람들이 크게 줄고, 여름, 겨울의 학교 체험학습 단체 방문객 예약도 줄었어요. 놀이공원 K를 살펴보니 새로운 종목의 놀이기구와 다양한 오픈 이벤트를 하고 있었어요. 그리고 이용객들이 손쉽게 놀이기구를 이용할 수 있는 앱 서비스를 제공하고 있었어요.
> 기업 A는 이 위기를 벗어나기 위해 어떻게 하면 좋을까요?

1 만약에 내가 기업가라면 어떻게 위기를 극복할 수 있을까요? 기업 A의 위기 극복에 필요한 기업가 정신에 동그라미를 치고 뒷이야기를 만들어 봅시다.

보기	용기 도전 혁신 소통 사회적 책임

_____

_____

_____

_____

2 친구들이 만든 뒷이야기를 읽고 본받을 점, 나와 다른 점 등 느낀 점에 대해 써 봅시다.

_____

_____

> 유튜브 채널 '세상의 모든 지식'의 재생 목록 〈브랜드 백과사전〉을 참고해도 좋아요!
> 여러 기업들의 이야기를 영상으로 알아보고 이야기 짓기에도 활용해 보세요.

4 기업가 정신 포스터 만들기

1. 기업가 정신을 가진 사람은 끊임없이 스스로를 성찰하며 발전해 갑니다. 따라서 기업가 정신은 기업뿐만 아니라 개인의 성장과 발전을 위해 추구해야 할 가치입니다. 기업가 정신의 의미를 생각하며 포스터를 만들어 봅시다.

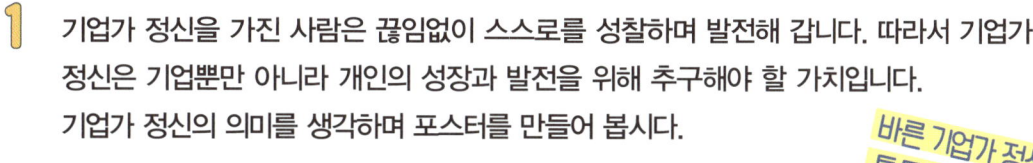

바른 기업가 정신이 튼튼한 성장으로!

내가 생각하는 기업가 정신은?

떠오르는 문장은?

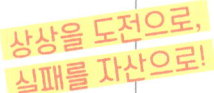
상상을 도전으로, 실패를 자산으로!

도전은 힘차게!
나눔을 이롭게!
미래는 빛나게!

1. 기업가 정신의 의미를 더 자세히 알게 되었나요?
2. 포스터에 기업가 정신의 의미를 잘 담았나요?

4 사회와 기업의 관계를 알아보아요

기업을 만들고 꾸려 가는 과정에서 기업은 사회에 영향을 주기도 하고 받기도 합니다. **사회에서 기업의 역할은 무엇이며, 기업과 사회의 올바른 관계**는 어떤 것일지 생각해 봅시다.

1 기업의 사회적 역할 알기

1 내가 생각하는 '기업이 하는 일'에 대해 적어 봅시다.

_____
_____
_____

2 기업의 모습에 대한 짧은 글을 읽고 이것이 기업의 어떤 사회적 역할에 대한 것인지 줄을 그어 연결해 봅시다.

①  세탁 전문점은 옷이나 신발을 세탁해주는 서비스를 하여 돈을 법니다. · · **일자리**를 제공해요.

②  학용품 회사는 학용품을 판매하여 돈을 법니다. · · **재화**를 판매하고 **이익**을 얻어요.

③  지원이 아빠는 세탁전문점에서 직원으로 일하시고, 엄마는 학용품 회사에 다닙니다. · · **서비스**를 제공하고 **이익**을 얻어요.

 이밖에도 기업은 사회적으로 어떤 일을 하는지 친구와 함께 생각해 보세요.

② 환경에도 관심을 갖는 기업

◆ 기업은 이윤을 얻는 과정에서 환경을 파괴하기도 합니다. 하지만 최근 많은 기업은 기업 운영 과정에서 환경을 파괴하지 않는 방법을 고민하고, 또 실천하려고 노력하고 있습니다.

1 다음 사례를 잘 읽고 아래 질문에 대한 답을 찾아 해당하는 색으로 밑줄을 그어 봅시다.

① 무슨 일을 하는 기업인가요? (파란 줄)
② 기업이 환경을 위해 한 일은 무엇인가요? (빨간 줄)
③ 기업이 환경을 위해 한 일은 어떤 결과로 돌아왔나요? (초록 줄)

사례1 배달앱 B는 음식 배달 문화를 정착시키는 데 가장 크게 기여했다고 평가받는 유명 애플리케이션입니다. 코로나로 인해 배달 서비스가 확대되면서 배달앱 B를 만든 기업 W도 쭉쭉 성장했지만, 일회용 플라스틱 포장용기 사용도 점점 늘었습니다. 이에 W사는 주문할 때 '일회용품 덜 쓰기' 기능을 선택할 수 있도록 하였습니다. 플라스틱 사용을 줄이고자 하는 이 캠페인에 1,000만 명 이상이 참여했으며, 이는 나무 185만 그루를 심는 효과를 냈다고 합니다.

사례2 환경오염의 주범인 플라스틱을 전혀 예상 못한 형태로 사용하는 기업이 있습니다. 바로 시멘트사 D입니다. D사는 폐플라스틱을 시멘트를 만드는 연료로 사용하고 있습니다. 버려지는 플라스틱을 재활용하여 쓰레기가 줄고, 기존에 사용하던 석탄과 같은 연료 사용이 줄어 대기오염을 줄이는 효과가 있었습니다. 또 기업에 경제적인 이익도 안겨 주었습니다. 폐플라스틱을 원료로 시멘트를 생산하면 석탄을 사용할 때보다 연료비를 크게 아낄 수 있기 때문입니다. 이렇게 생산된 시멘트를 '에코시멘트' 또는 '그린시멘트'라고 부릅니다.

2 빈칸에 알맞은 말을 넣어 오늘 배운 내용을 정리해 봅시다.

기업은 [   ] 을 보호하기 위한 일도 합니다.

3 함께 성장하는 기업과 사회

◆ 최근 기업은 경제적 이익, 환경뿐 아니라 다른 사회적 가치에도 관심을 갖기 시작했습니다. 즉, 도움이 필요한 사회 곳곳에 가치 있는 일을 하면서도 기업의 가장 중요한 목표인 경제적 이익도 놓치지 않도록 노력하고 있습니다.

1 다음은 기업이 사회적 관심을 가지고 일을 했을 때의 사례입니다.

> 택배사 C는 '실버택배'를 운영하고 있습니다. '실버택배'란 아파트처럼 많은 사람들이 사는 곳에 배달기지를 두고 60세 이상의 어르신들이 배송기사로 참여할 수 있도록 한 서비스입니다. 이때 택배기사 한 명이 배송하던 상품을 네다섯 명의 어르신들이 나누어 배송하게 됩니다. 덕분에 어르신들의 일자리도 늘어나고, 택배기사는 혼자 배송할 때보다 힘들지 않게 일할 수 있게 되었습니다. 아파트 단지 내 많은 사람들이 C사를 선호하게 되어 배송 서비스를 더 많이 판매할 수 있게 되었다고 합니다.

① 기업이 한 일은 무엇인가요?

② 기업이 어르신들에게 끼친 좋은 영향은 무엇인가요?

③ 기업이 스스로에게 가져온 좋은 영향은 무엇인가요?

2 다음은 위 사례에 나온 어르신과 택배사 C를 운영하는 대표의 대화입니다. '실버택배'의 취지를 고려하여 말풍선을 채워 봅시다.

실버택배 어르신: 나이 많은 우리에게 일자리를 줘서 정말 고마워요.

C사 대표:

4 올바른 기업이 되어 선택하기

월 일

1 기업 대표가 다음과 같은 선택의 상황에 놓였습니다. 기업의 성장과 사회적 가치, 두 가지 모두 놓치고 싶지 않은 대표는 어떤 선택을 해야 할까요? 화살표를 따라가면서 기업의 선택이 기업과 사회에 어떤 결과를 가져오는지 살펴 봅시다.

친환경 재료로 만들어요. → 네 → 친환경 포장재를 최소한 사용하여 상품을 포장해요. → 네 → 장애인은 고용하지 않아요. → 네

아니요 ↓ 아니요 ↓ 아니요 ↓

더 많은 이익을 얻기 위해 세금을 속여 신고해요. → 네

아니요 ↓

상품이 안전한지 꼭 검사해요. → 아니요

네 ↓

기업 대표는 회사 일을 결정할 때 직원들과 의견을 공유해요. → 아니요

네 ↓

내가 생각하는 올바른 기업은 어떤 기업인가요?

👍 이 기업은 사회에 좋은 영향을 미치는 착한 기업입니다. 기업의 미래도 매우 밝네요!

1. 기업이 사회에서 하는 일을 잘 알게 되었나요? ☆☆☆☆☆
2. 기업의 올바른 역할에 대해 생각해보았나요? ☆☆☆☆☆

2 기업의 가치

1 기업은 어떤 세상을 꿈꿀까요?

- **활동1** 기업이 꿈꾸는 세상 알아보기   월   일
- **활동2** 우리 기업이 꿈꾸는 세상 발표하기   월   일
- **활동3** 우리 기업의 로고 만들기   월   일
- **활동4** 시대에 따라 바뀌는 로고   월   일

2 누구의 문제를 해결할까요?

- **활동1** 예비 고객의 자기소개서 만들기   월   일
- **활동2** 예비 고객의 집 상상하기   월   일
- **활동3** 예비 고객의 가방 속 상상하기   월   일
- **활동4** 예비 고객의 마음속 들여다보기   월   일

 **관련 성취기준**

6사08-06 지속가능한 미래를 건설하기 위한 과제(친환경적 생산과 소비 방식 확산, 빈곤과 기아 퇴치, 문화적 편견과 차별 해소 등)를 조사하고, 세계시민으로서 이에 적극 참여하는 방안을 모색한다.

6도03-04 세계화 시대에 인류가 겪고 있는 문제와 그 원인을 토론을 통해 알아보고, 이를 해결하고자 하는 의지를 가지고 실천한다.

6미02-02 다양한 발상 방법으로 아이디어를 발전시킬 수 있다.

6실05-04 다양한 재료를 활용하여 창의적인 제품을 구상하고 제작한다.

3 어떤 문제를 해결할까요?

활동1	고객의 불편한 상황 순간포착하기	월 일
활동2	예비 고객의 문제 상황 가상 인터뷰	월 일
활동3	문제해결을 위해 기업이 중요하게 생각할 점	월 일
활동4	문제-해결 카드 만들기	월 일

4 어떻게 문제를 해결할까요?

활동1	아이디어 기법이 활용된 사례 찾아보기	월 일
활동2	아이디어 피라미드	월 일
활동3	아이디어가 가져올 변화 상상하기	월 일
활동4	아이디어 평가받기	월 일

기업은 어떤 세상을 꿈꿀까요?

창업을 하기 전에 무엇을 위해 사업을 하는지 생각해 보는 것은 매우 중요합니다. 기업가 정신은 단순히 물건을 팔아서 이익을 얻는 것만 아니라, 사회 문제의 핵심을 찾고, 이를 해결하기 위해 끊임없이 도전하는 태도입니다. 새로운 사업을 시작하는 과정에서는 수많은 어려움과 좌절이 있겠지만 포기하지 않고 끝까지 나아갈 수 있도록 방향을 세우는 것이 아주 중요합니다.

1 기업이 꿈꾸는 세상 알아보기

1 기업이 추구하는 가치는 그 기업의 정체성(본질)을 만들고 기업의 이미지를 만듭니다. 회사명과 추구하는 가치를 찾아 알맞게 연결해 봅시다.

기업 로고	대표 상품	기업 가치
① LEGO	㉠ (콜라 캔)	㉠ 세상을 상쾌하게
② Coca-Cola	㉡ (두부)	㉡ 전 세계의 정보를 체계화하여 모두가 편리하게 이용할 수 있도록 하는 것
③ Pulmuone	㉢ (노트북/인터넷)	㉢ 바른 먹거리로 사람과 지구의 건강한 내일을 만든다.
④ Google	㉣ (레고 블록)	㉣ 미래의 건설자들을 자극하고 계발한다.

2 관심 있는 기업을 골라, 기업의 경영 목표를 찾아 봅시다.

_____

_____

 기업이 추구하는 바를 알기 위해서는 회사 소개 웹페이지에서 경영 철학, 핵심 가치, 미션, 모토, 경영 이념 등을 찾아보세요.

2 우리 기업이 꿈꾸는 세상 발표하기

1 [보기]의 다양한 가치 중에서 내가 관심 있고, 중요하다고 생각하는 것을 골라 적어 봅시다. 새로운 가치를 적어도 좋습니다.

| 보기 | 안전의식 높이기   에너지 사용 줄이기   음식물 쓰레기 줄이기   공정 |

미세플라스틱 줄이기   문화유산   건강한 먹거리   교통문제 해결하기

바른 언어 생활   사이버 범죄 해결   인구 문제   즐겁고 행복한 어린이

건강한 몸과 바른 자세   역사의식   멸종 위기종 보호하기   인공지능

다양한 문화 존중하기   갈등 해결(사이좋게 지내기)   평등   인권 보호하기

2 내가 고른 가치를 바탕으로 우리 기업이 만들고 싶은 세상을 한 문장으로 적어 봅시다.

예) 우리 기업은 같이 있는 시간을 가치 있는 시간으로 만들어 주는 독서 문화를 만들고 싶다.

우리 기업의 로고 만들기

◆ 기업뿐만 아니라 학교, 지역, 그리고 여러분이 아는 아이돌 가수도 모두 각자의 로고가 있습니다. 로고는 사람들이 기업을 쉽게 기억하고 자연스럽게 떠올리도록 돕습니다.

1 우리 기업의 로고를 만들기 위해 아래 내용을 생각해 봅시다.

- 기업 이름
- 이름 뜻
- 우리 기업이 만들고 싶은 세상
- 기업을 나타낼 수 있는 대표 이미지
- 우리 기업과 잘 어울리는 색 조합

2 위 내용에 맞추어 로고를 그려 봅시다.

 로고는 복잡하기보다는 단순해야 기억에 오래 남아요. 이름을 넣거나 마스코트, 간단한 기호를 넣어 만들어요. 12쪽의 다양한 로고를 참고해도 좋아요.

4 시대에 따라 바뀌는 로고

Q. 기업의 로고가 바뀌기도 하나요?
A. 로고는 기업이 추구하는 가치를 담고 있고 사람들에게 그 기업을 떠올리게 하는 중요한 요소입니다. 따라서 시대의 변화에 맞춰 새로운 가치를 강조하고 싶거나 사람들에게 더 잘 보이게 하려고 로고를 바꾸기도 합니다. 물론 로고를 바꾸는 일은 쉽지 않습니다. 비용과 시간이 들고 때로는 기존 고객들이 이전 로고를 더 좋아하는 경우도 있습니다.

1 다음은 LG그룹의 로고 변화 과정입니다. 어떤 점이 달라졌고, 왜 바뀌었을지 생각해 봅시다.

1950   1970 1980 1995  2015

- 화학산업의 '럭키'와 전자산업의 '금성'이 아닌 그룹 자체의 로고를 행운을 상징하는 네잎클로버 모양으로 만들었어요.
- 이름을 '럭키금성그룹'으로 바꾸면서 두 로고를 합친 모양으로 만들었어요.
-
- 심벌인 '미래의 얼굴'은 그대로 유지한 채, LG만의 글씨체인 'LG스마트체'를 적용했어요.

① 1995년 로고는 어떻게 바뀌었나요?
_____
_____

② 왜 이렇게 바꾸었을까요?
_____
_____
_____

 1. 우리 기업이 추구하는 가치를 명확하게 정했나요? ☆☆☆☆☆
2. 우리 기업의 가치를 잘 반영한 로고를 만들었나요? ☆☆☆☆☆

누구의 문제를 해결할까요?

성공한 많은 기업들은 변하지 않는 신념, 가치를 바탕으로 어떤 고객의 문제를 해결할지에 집중했어요. **예비 고객의 성격을 자세히 파악할수록 어떤 고객에게 필요한지 더 명확하게 알 수 있어요.** 이번에는 우리 기업의 예비 고객을 상상하여 소개해 봅시다.

 예비 고객의 자기소개서 만들기

1 우리 기업을 이용할 예비 고객을 상상하여 소개해 봅시다.

이름		꿈	
나이, 성별		특기, 취미	
성격			

좋아하는 장소

좋아하는 음식

좋아하는 인물

좋아하는 색깔

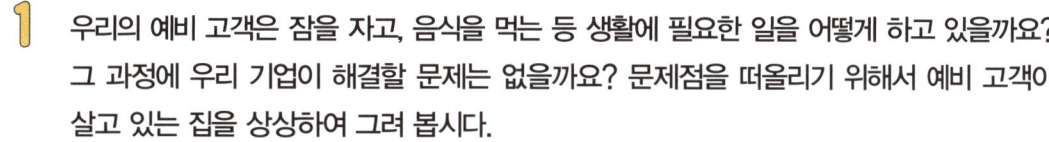

2 예비 고객의 집 상상하기

1 우리의 예비 고객은 잠을 자고, 음식을 먹는 등 생활에 필요한 일을 어떻게 하고 있을까요? 그 과정에 우리 기업이 해결할 문제는 없을까요? 문제점을 떠올리기 위해서 예비 고객이 살고 있는 집을 상상하여 그려 봅시다.

 예비 고객의 가방 속 상상하기

1 가방 속 물건을 보면, 그 사람의 성격과 하루 생활을 떠올려 볼 수 있습니다. 가방 속에 있을 다양한 물건들을 그리고, 예비 고객에게 필요한 것이 무엇일지 생각해 봅시다.

4 예비 고객의 마음속 들여다보기

1 예비 고객이 생활하면서 어떤 재화나 서비스를 이용하는지 떠올리며, 상황에 따라 어떤 감정을 느꼈을지 자세하게 표현해 봅시다.

기쁨	슬픔

짜증	사랑

놀람	편안

1. 예비 고객의 특징과 생활 모습을 자세히 떠올렸나요? ★★★★★
2. 예비 고객의 상황과 감정을 다양하게 떠올렸나요? ★★★★★

어떤 문제를 해결할까요?

1인 가구가 늘어나면서 완전조리 식품이나 배달음식을 선택해야 했던 사람들이 건강과 일회용품 쓰레기 문제 때문에 이를 대신할 방법을 고민하게 되었습니다. 이 문제를 해결하기 위해 식품 기업들은 간편 조리식(밀키트)을 개발했고 큰 성공을 거두었습니다. 이처럼 **기업들은 사람들이 겪는 불편함을 파악하고, 이를 해결하면서 이윤을 얻습니다.**

 고객의 불편한 상황 순간포착하기

 예비 고객의 불편한 문제 상황 하나를 정하고, 구체적인 장면을 떠올려 그려 봅시다.

문제 상황

 2 예비 고객의 문제 상황 가상 인터뷰

1 예비 고객과 가상 인터뷰를 하면서 고객의 문제 상황에 대해 구체적으로 알아봅시다.

기업: 운동을 할 때 어떤 점이 불편했나요?

고객: 신발 밑창이 미끄러워서 넘어질 뻔했어요.

기업:

고객:

기업:

고객:

기업:

고객:

2 기업의 가치 37

3 문제해결을 위해 기업이 중요하게 생각할 점

1 우리 기업이 문제를 해결한다면 어떤 가치를 생각하면 좋을까요? 아래에 적어 봅시다.

해결할 문제 상황	

우리 기업이 중요하게 생각할 점	중요하게 생각하는 이유
①	
②	
③	

4 문제-해결 카드 만들기

1 이전 활동으로 알게 되었듯이, 우리 기업의 가치는 여러 장점이 있습니다. 고객의 문제 상황과 우리 기업의 장점으로 해결된 상황을 양면 카드에 그려 봅시다. 부록 77쪽

1. 문제해결을 위해 생각할 가치를 여러 가지로 떠올려 보았나요? ☆☆☆☆☆
2. 문제와 그것이 해결된 상황을 구체적으로 그려 볼 수 있었나요? ☆☆☆☆☆

어떻게 문제를 해결할까요?

기존과 다른 관점에서 바라보면 새로운 문제해결 아이디어를 얻을 수 있습니다. 아이디어를 떠올리는 데 도움이 되는 9가지 방법을 살펴보고 이를 통해 가장 좋은 아이디어를 만들어 봅시다. 또 이 아이디어가 실현되었을 때 어떤 미래가 펼쳐질지 상상해 보세요. 좋은 아이디어가 있다면 다른 사람과 이야기 나누어 보완하는 것도 좋은 방법입니다.

 1 아이디어 기법이 활용된 사례 찾아보기

1. 최근 나온 상품이나 서비스 중에서 아래 기법이 적용된 사례를 찾아 생각해 봅시다. (나의 아이디어를 꺼내도 좋습니다.) 〈부록 79쪽〉

더하기  새로운 요소를 더해서 만들어요. (캠핑카, AI기술 도입한 교육앱)	빼기 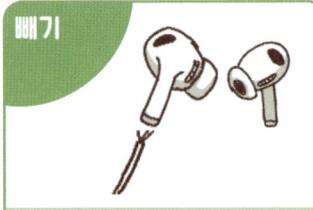 기존의 요소를 빼서 만들어요. (무선 이어폰, 무인 문방구)	재료 바꾸기  재료를 바꿔서 만들어요. (종이팩 우유, 대체육)
크기 바꾸기  기존의 크기를 바꿔요. (접는 우산, 가정용 식물재배기)	모양 바꾸기 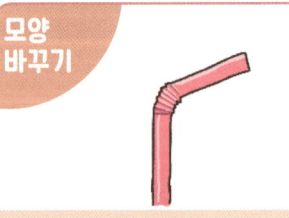 기존의 모양을 바꿔요. (주름 빨대, 안전핀)	재활용 하기  재활용하여 만들어요. (연탄재 벽돌, 농산부산물 재활용)
모방하기 (아이디어 빌리기)  아이디어를 빌려 와서 만들어요. (벨크로, 엘리베이터 안전장치)	용도 바꾸기  쓰이는 곳을 바꿔요. (주전자 물뿌리개 텐트천으로 만든 청바지)	반대로 하기  기존의 방식을 바꿔요. (러닝머신, 새벽배송)

2 아이디어 피라미드

1 우리가 해결하려는 문제를 적어 봅시다.

_____

_____

2 아이디어를 찾는 9가지 기법을 활용하여 문제해결 방법을 모아 봅시다. 우리가 직접 할 수 있고 우리 기업 가치와 잘 맞는 아이디어를 내 봅시다.

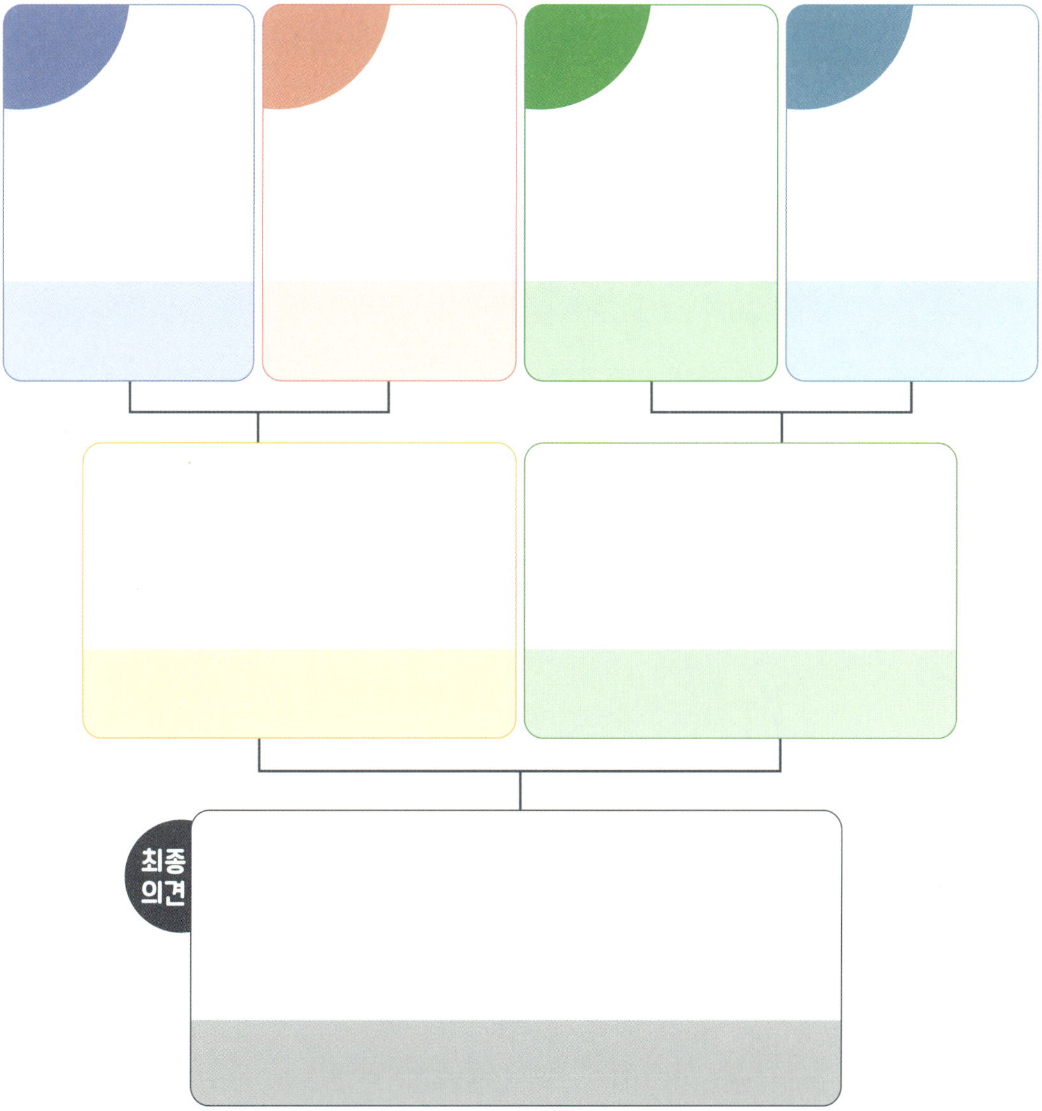

최종 의견

 아이디어가 가져올 변화 상상하기

1 아이디어 중 가장 좋은 것을 고르고, 이를 적용했을 때 예비 고객의 하루는 어떻게 달라질지 상상하여 일기 혹은 만화로 나타내 봅시다.

우리가 해결해야 할 문제	
선택한 아이디어	

고객의 하루

4 아이디어 평가받기

월 일

1 친구들에게 여러분의 아이디어를 소개하고 의견을 받아 봅시다.

아이디어 평가표

아이디어를 적용한 예비 고객의 하루를 읽고 좋았던 점과 아쉬웠던 점을 남겨 주세요. 질문을 남겨도 좋습니다.

이름	점수표	좋았던 점과 아쉬웠던 점
	☆☆☆☆☆	
	☆☆☆☆☆	
	☆☆☆☆☆	
	☆☆☆☆☆	
	☆☆☆☆☆	

2 평가표를 보고 느낀 점과 보완할 점을 적어 봅시다.

다른 사람들의 평가를 받고 나면 기존 아이디어에서 수정할 곳, 더 보완할 점이 보일 거예요. 수정된 아이디어를 바탕으로 상품이나 서비스를 개발하는 것이 안전합니다.

1. 문제해결 아이디어를 잘 떠올렸나요? ☆☆☆☆☆
2. 아이디어 평가 후 이를 더 발전시키기 위해 노력했나요? ☆☆☆☆☆

2 기업의 가치 43

3 상품

1 아이디어를 상품으로 발전시켜요

활동1	문제해결 아이디어 발전시키기	월 일
활동2	비슷한 상품 조사하기	월 일
활동3	상품설명서 만들기	월 일
활동4	시제품 만들기	월 일

2 상품가격을 정해요

활동1	총 비용 계산하기	월 일
활동2	희망가격 정하기	월 일
활동3	판매가격 정하기	월 일
활동4	예상 이익 계산하기	월 일

관련 성취기준

4사04-03 자원의 희소성으로 경제활동에서 선택의 문제가 발생함을 파악하고, 시장을 중심으로 이루어지는 생산, 소비 등 경제활동을 설명한다.

6사06-01 다양한 경제활동 사례를 통해 가계와 기업의 경제적 역할을 파악하고, 가계와 기업의 합리적 선택 방법을 탐색한다.

4수01-05 곱하는 수가 한 자리 수 또는 두 자리 수인 곱셈의 계산원리를 이해하고 그 계산을 할 수 있다.

4수01-07 나눗셈이 이루어지는 실생활 상황을 통하여 나눗셈의 의미를 알고, 곱셈과 나눗셈의 관계를 이해한다.

3 상품을 평가해요

활동1	인터넷에 상품 소개하기	월 일
활동2	고객의 질문에 대답하기	월 일
활동3	다양한 기준으로 상품 평가하기	월 일
활동4	평가결과 상품에 반영하기	월 일

4 사업에 필요한 것을 배워요

활동1	투자 설명회 준비하기	월 일
활동2	크라우드 펀딩하기	월 일
활동3	사업자 등록증 만들기	월 일
활동4	상표 등록하기	월 일

아이디어를 상품으로 발전시켜요

앞서 우리가 해결하고 싶은 문제를 찾았다면 이제는 **문제해결 방법을 상품에 적용해 발전시켜 봅시다.** 그리고 문제해결 방법을 어떻게 상품에 도입할지, 상품을 만들 때 필요한 것은 무엇인지 알아봅시다.

1 문제해결 아이디어 발전시키기

1 여러분이 지금까지 찾은 문제와 해결방안은 무엇인가요? 그리고 여러분이 설립하고자 하는 기업은 어떤 기업인가요? 여러분이 고민한 내용을 정리해 보고 어떤 상품을 제작할지 떠올려 봅시다.

우리 기업을 소개해 주세요.

기업 이름 :

기업 핵심가치 :

내가 찾은 문제를 소개해 주세요.

해결할 문제 :

적용할 아이디어 :

내가 찾은 문제와 해결방안을 바탕으로 어떤 상품을 만들 수 있을까요?

2 비슷한 상품 조사하기 [자료검색]

◆ 우리가 떠올린 문제해결 방법을 상품으로 만들기 위해서는 현재 어떤 상품이 있는지 찾아보고 비교하는 노력이 필요합니다. 실제로 기업가들은 창업을 하기 전에 내가 떠올린 아이디어와 비슷한 아이디어를 찾아보는데, 이것을 '시장조사'라고 합니다.

1 〈시장조사 보고서〉를 작성해 봅시다.

	예 상품	상품1	상품2
이름	캐릭터빵		
가격	1,000 원		
장점	캐릭터가 귀엽다. 안에 스티커가 있다.		
단점	다른 빵에 비해 값이 비싸다.		
상품평가	★★★☆☆	☆☆☆☆☆	☆☆☆☆☆

2 보고서에 정리한 내용을 바탕으로 우리 기업에서는 어떤 상품을 만들어야 다른 상품보다 경쟁력이 있을지 적어 봅시다.

_____

_____

_____

3 상품설명서 만들기

◆ 시장조사를 바탕으로, 우리가 생각한 문제해결 아이디어를 상품으로 발전시켜 볼까요?
우리 기업에서 새로 만든 상품(신상품)을 그림으로 표현하고 설명해 봅시다.

1 상품설명서를 만들어 봅시다.

상품의 이름은?	
상품을 소개해 주세요. (사용법 등)	
누가 이 상품을 사용하면 좋을까요? 그 이유는 무엇인가요?	
다른 상품과 다른 우리 상품만의 특징은 무엇인가요? (모양, 기능, 가격 등)	

4 시제품 만들기

1. 상품을 만드는 데는 다양한 재료와 노력이 필요합니다. 상품설명서에 작성한 내용을 바탕으로 우리 상품을 만들기 위해 어떤 재료와 노력이 필요할지 적어 봅시다.

재료

☆ 상품 이름 ☆

노력

2. 여러분이 적은 내용을 바탕으로 간단한 시제품을 만들어 아이디어를 구체화해 봅시다.

 시제품이란? 시험 삼아 만들어 본 제품이라는 뜻으로, 아이디어 구체화를 위해 간단히 만들어 본 결과물을 말합니다.

1. 문제해결 아이디어가 시제품에 잘 반영되었나요?
2. 시제품을 만드는 과정에 열심히 참여하였나요?

상품가격을 정해요

희귀한 상품은 가격이 비싸고 흔한 상품은 가격이 저렴합니다. 가격이 너무 비싸면 소비자들이 찾지 않고, 반대로 너무 싸면 여러분의 이익이 적어집니다. 이런 점을 고려하여 여러분이 만들 상품의 판매가격을 정해 봅시다.

> 판매가격을 정하려면 상품을 만드는 비용을 계산해야 해요. 비용보다 높은 가격에 판매해야 돈을 벌 수 있기 때문이죠.

1 총 비용 계산하기

1 시제품을 만들어 본 결과, 일주일 동안 몇 개 또는 몇 회의 상품을 제공할 수 있을까요?

[　　　　　　　개/회]

2 일주일치 상품을 만들 때 재료와 노력이 얼마나 필요한지 알아보고 총 비용을 계산해 봅시다. 〈부록 81쪽〉

재료 파악하기	재료명(재화)	양(개수, kg 등)	비용
예	색종이	100장	4,000 원
1			
2			
	합계		

노력 파악하기	노력(서비스)	시간	시간당 임금	비용 (시간X시간당 임금)
예	상품 포장하는 노력	2시간	5,000원	10,000 원
1				
2				
	합계			

3 재료 비용과 노력 비용을 합하여 상품 제작에 필요한 총 비용을 구해 봅시다.

[재료 비용 합계] + [노력 비용 합계] = [총 비용]

2 희망가격 정하기

1 총 비용을 바탕으로 상품 한 개/회에 비용이 얼마나 필요한지 계산해 봅시다.

↳ 제작에 필요한 총 비용을 그것으로 만들 수 있는 것의 개수 혹은 횟수로 나누면 상품 한 개당 혹은 한 회당 비용이 됩니다.

2 상품 한 개/회 가격은 얼마면 좋을까요?

개당/회당 비용인 [ ] 원보다는 높아야 할 것 같습니다.

↳ 비용보다 상품 가격이 높아야 이익이 남기 때문입니다.

3 우리 상품에 대하여 내가 희망하는 가격을 적어 봅시다.

희망가격①   희망가격②   희망가격③

4 왜 위와 같은 희망가격을 정했는지 이유를 적어 봅시다.

_____
_____
_____

3 판매가격 정하기

1 친구들에게 상품을 소개하고, 상품의 적정가격은 얼마면 좋을지 의견을 들어 봅시다.

이름	가격	이름	가격

> 시제품을 보여 주며 설명하면 더욱 효과적으로 상품을 소개할 수 있습니다.

2 앞에서 정한 나의 희망가격과 친구들의 예상 가격을 비교하여 판매가격을 정해 봅시다.

상품 개당/회당 가격은 [　　　　　]원이 좋을 것 같습니다.

> 상품의 가격은 생산자와 소비자가 시장에서 만나 동의한 가격으로 결정돼요. 가장 바람직한 상품가격은 생산자와 소비자 모두가 만족하는 가격입니다.

3 왜 위와 같이 생각했나요?

 제가 생각한 희망가격이 지나치게 높아서, 친구들의 의견을 듣고 가격을 낮추었습니다.

4 예상 이익 계산하기

1. 상품의 가격을 정했다면 사업을 통해 얻을 수 있는 이익이 얼만큼 되는지 알아보아야 합니다. 판매량을 예상하고 예상 이익이 얼마일지 계산해 봅시다.

> **보기** 창업반점은 탕수육을 판매하려고 합니다. 소비자 의견을 들어 보니, 탕수육 1인분 가격은 10,000원이 적당하고, 매일 10인분 정도 팔릴 것으로 예상됩니다. 탕수육 1인분의 재료값은 4,000원입니다. 그러면 하루 동안 탕수육을 팔아 얻는 예상 이익은 얼마일까요?
>
> | 예상 수입 | | 예상 비용 | | 예상 이익 |
> |---|---|---|---|---|
> | 10,000 × 10 = **100,000** | − | 4,000 × 10 = **40,000** | = | **60,000** |

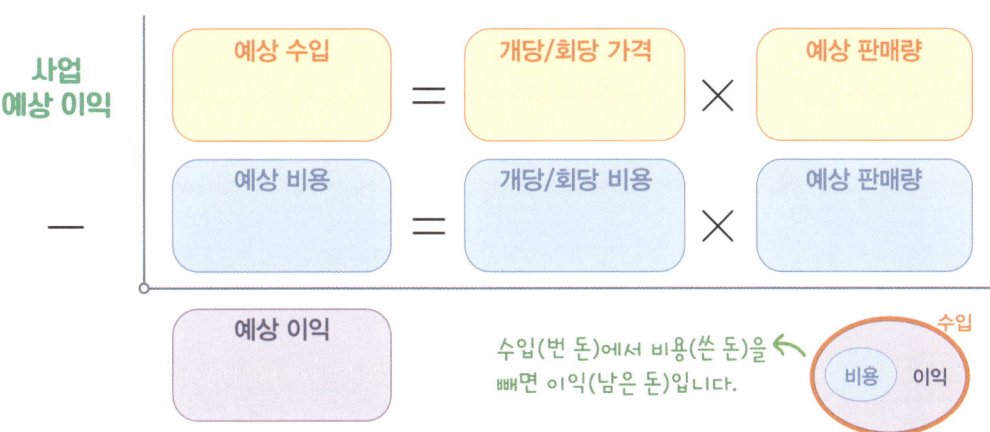

2. 예상 이익에 만족하나요? 그 이유는 무엇인가요?

___

___

1. 이익을 고려하여 판매가격을 적절하게 정했나요?
2. 상품가격을 정하는 방법을 알고 있나요?

상품을 평가해요

우리가 만든 상품이 정말 세상에 필요한 상품인지 알아보기 위해서는 우리 상품이 고객에게 필요한지, 실제로 만들 수 있는지, 비싸진 않은지, 판매하고 이익이 남는지 따져 봐야 해요. 이 과정을 평가라고 합니다. 객관적인 관점으로 우리 상품을 평가하고 개선할 점을 찾아봅시다.

 인터넷에 상품 소개하기

1. 온라인 구매가 많아지는 요즘, 고객들은 인터넷에 소개된 글을 보고 상품을 평가합니다. 실제로 상품을 판매하기 앞서서 온라인 사이트에 상품 소개글을 올려 예비 고객들의 평가를 받아 봅시다.

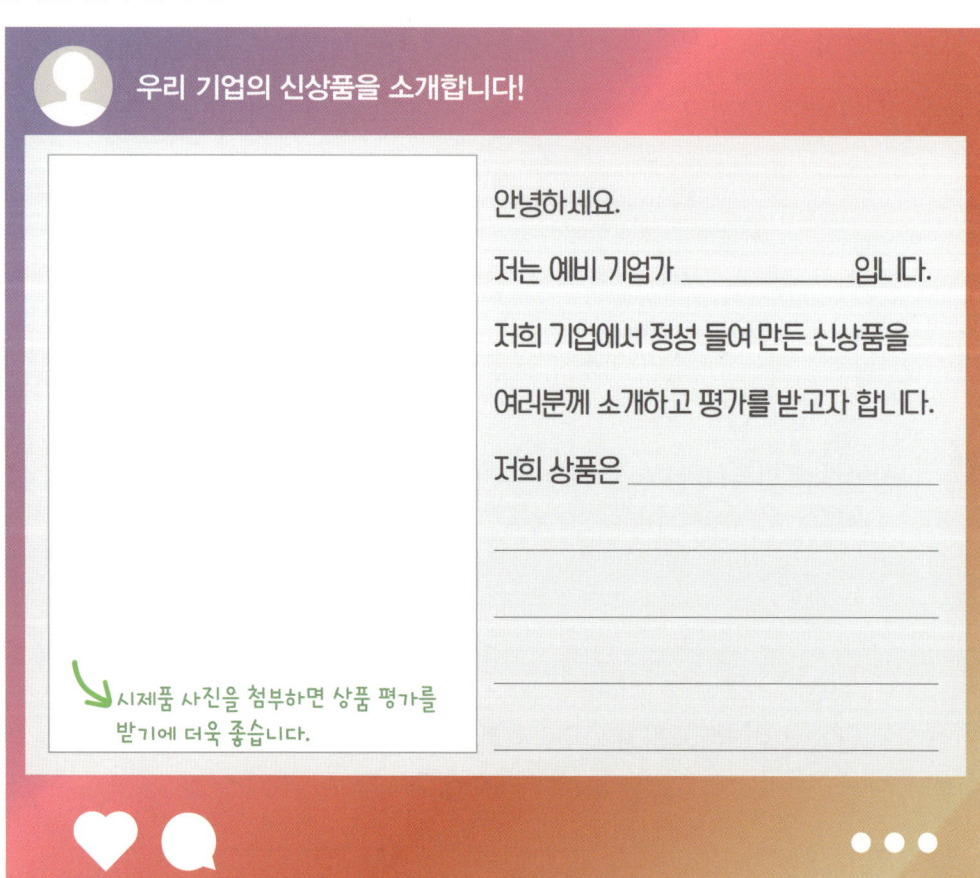

우리 기업의 신상품을 소개합니다!

안녕하세요.

저는 예비 기업가 _____ 입니다.

저희 기업에서 정성 들여 만든 신상품을 여러분께 소개하고 평가를 받고자 합니다.

저희 상품은 _____

↳ 시제품 사진을 첨부하면 상품 평가를 받기에 더욱 좋습니다.

 ## 고객의 질문에 대답하기

1 앞에서 여러분이 올린 소개글을 보고 다양한 댓글이 달렸습니다. 답을 달아 봅시다.

 인터넷에서는 많은 사람들에게 다양한 의견을 들을 수 있어 매우 편리합니다. 인터넷에서 받은 질문에 답을 달아 주다 보면 상품에 대해 개선할 점을 여러분 스스로 발견할 수 있습니다.

고객1: 언제 사용하면 좋나요?

답변:

고객2: 교환/환불/수리는 어떻게 하나요?

답변:

고객3: 어떤 사람이 사용하면 좋을까요?

답변:

고객4: 비슷한 다른 상품과 어떤 점이 다른가요?

답변:

3 다양한 기준으로 상품 평가하기

1 객관적인 평가를 위해 다양한 기준으로 상품을 평가하고, 평가내용을 점수로 매겨 봅시다.

고려할 점	질문	점수 (5점 만점)	총점 (10점 만점)
소비자	이 상품이 필요한 사람이 많은가요?		
	꼭 필요한 상품인가요?		
이익	예상 이익이 만족스러운가요?		
	예상 판매량이 만족스러운가요?		
만들기	상품을 많은 사람에게 제공할 수 있나요?		
	상품을 만들기 쉽나요?		
가격	가격 대비 성능이 좋은가요?		
	이 상품이 필요한 사람들이 살 수 있는 가격인가요?		
기타	기업의 가치를 잘 나타냈나요?(환경보호, 노동자 상생 등)		
	예) 디자인이 예쁜가요?		

2 위의 표를 그래프로 옮겨 봅시다. 우리 상품은 어떤 점이 부족한가요? 어떻게 개선할 수 있을까요?

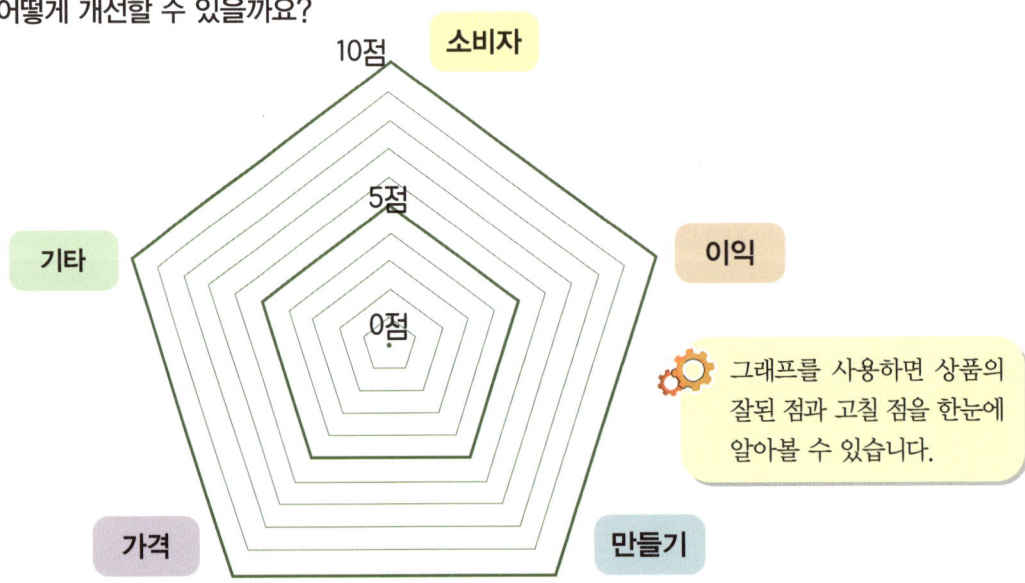

그래프를 사용하면 상품의 잘된 점과 고칠 점을 한눈에 알아볼 수 있습니다.

4 평가결과 상품에 반영하기

1. 평가활동을 통해 상품의 잘된 점과 고칠 점을 찾았나요? 평가내용을 바탕으로 수정할 부분을 정리해 봅시다.

> 평가를 받는 이유는 상품을 더 좋은 방향으로 바꾸기 위해서예요.

수정 전

예) 가격이 1,000원이다.

수정 후

예) 가격을 2,000원으로 올린다.

2. 수정사항을 바탕으로 상품을 생산해 봅시다.

상품을 생산할 때 고려할 점
생산량, 품질, 크기, 포장, 상품진열/배치, 트렌드, 디자인, 사후서비스(A/S), 구성품 등

1. 상품을 객관적으로 평가하였나요?
2. 수정사항이 상품에 잘 반영되었나요?

사업에 필요한 것을 배워요

열심히 노력한 여러분은 드디어 상품을 생산하는 기업가가 되었습니다. 국가에 사업자로서 신고도 해야 하고 세금도 내야 합니다. 이 시간에는 여러분이 사업을 할 때 알아야 할 것을 배워 봅시다.

 **투자 설명회 준비하기**

1. 멋진 상품을 완성했지만, 이를 만들고 판매할 돈이 부족하다면 어떻게 해야 할까요? 이때 기업가는 투자 설명회를 열어서 펼쳐 나갈 사업에 대해 설명하고 투자자들에게 돈을 지원받을 수 있습니다. 투자 설명회에서 우리 사업을 소개하기 위한 준비를 해 봅시다.

투자 설명회 발표문

투자자의 예상 질문

예상 질문 → 준비 답변

예상 질문 → 준비 답변

> 투자 설명회에서 기업가는 투자자들을 설득하기 위해 나의 사업이 얼마나 경제적·사회적 가치가 있는지를 설명해야 합니다.

2 크라우드 펀딩하기

1 투자를 받는 방법은 다양합니다. 소수의 사람들에게 투자를 받을 수도 있지만 온라인에서 다수의 사람들을 대상으로 투자를 받을 수도 있습니다. 이런 투자를 '크라우드 펀딩'이라고 합니다. 온라인에서 투자를 받기 위해서는 사업에 대한 상세한 설명이 담긴 '상세 페이지'가 필요합니다. 투자 설명회에서 발표했던 내용을 바탕으로 '상세 페이지'를 만들어 봅시다.

예

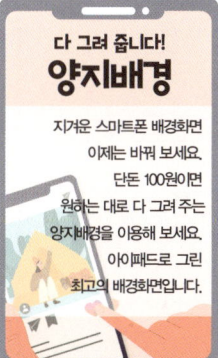

3 사업자 등록증 만들기

1 가게에서 벽면에 걸려 있는 사업자 등록증을 본 적이 있나요? 사람이 태어나면 출생신고를 하듯 기업을 설립하면 '사업자 등록'을 해야 합니다. 사업자 등록을 마치면 사업자 등록증을 받을 수 있는데 사업자는 이 사업자 등록증을 게시하고 방문한 사람들이 볼 수 있도록 해야 합니다. 기업가에게 꼭 필요한 사업자 등록증을 채워 봅시다.

사업자 등록증

등록번호 : 창업 - _____ - _____

기업 이름 : _____

대표자 이름 : _____

사업 시작일 : _____년 _____월 _____일

기업 주소 : _____학교 ___학년 ___반

_____년 _____월 _____일

사업을 허가합니다.

창업세무서장

 **상표 등록하기**

1 신문기사를 읽고 상표 등록의 중요성을 알아봅시다. → 상표란 자기 상품을 다른 상품과 구별하기 위해 사용하는 글씨 또는 그림을 말해요.

> 우리나라 상품의 인기가 높아지자, 해외에서 가짜 K-브랜드가 넘실대고 있다. 최근 우리 기업이 아직 진출하지 않은 나라에서 우리 기업의 상표를 무단으로 등록하는 사례가 지속적으로 발생하는 것으로 조사되었다. 전문가들은 해외 국가의 업자들이 한국 유명 상표 중에서 인기를 끌 만한 상표를 골라 미리 등록하는 경우가 많다며, 우리 기업의 상표권 침해를 걱정했다. 이런 피해를 입은 기업은 올해만 약 4천 개에 이른다고 한다.

① 어떤 문제가 발생했나요? _____

② 이러한 문제를 예방하려면 어떻게 해야 할까요? _____

2 예시를 참고하여 상표를 등록해 봅시다. → 여러분이 좋아하는 장난감도 상표 등록이 되어 있는지 특허청에서 확인해 볼까요?

상품 로고	등록번호 창업-100001
	신청일자 ____ 년 ____ 월 ____ 일
	상표를 만든 사람(출원인) _____
	상표와 관련 있는 상품의 종류:
	음식( ) 놀이( ) 건강( ) 공부( )
	교통( ) 일( ) 행복( ) 환경( )
	기타(_____)

상품 이름 _____
상품 간단 설명 _____
_____
_____

1. 투자자에게 우리 사업에 대해 잘 설명하였나요?
2. 사업자 등록증을 잘 작성하였나요?

4 홍보

1 상품을 홍보해요

활동1	광고 요소 알아보기	월 일
활동2	슬로건/광고문구 만들기	월 일
활동3	지면 광고 만들기	월 일
활동4	영상 광고 스토리보드 만들기	월 일

2 상품을 판매해요

활동1	상점 준비하기	월 일
활동2	고객 맞이 준비하기	월 일
활동3	판매하기	월 일
활동4	되돌아보기	월 일

6사06-02 여러 경제활동의 사례를 통하여 자유경쟁과 경제 정의의 조화를 추구하는 우리나라 경제체제의 특징을 설명한다.

6미02-02 다양한 발상 방법으로 아이디어를 발전시킬 수 있다.

6미02-03 다양한 자료를 활용하여 아이디어와 관련된 표현 내용을 구체화할 수 있다.

4도02-04 협동의 의미와 중요성을 알고, 경청·도덕적 대화하기·도덕적 민감성을 통해 협동할 수 있는 능력을 기른다.

3 더 큰 기업으로 성장해요

활동1	성장을 위한 다양한 노력	월 일
활동2	우리 기업이 나아갈 길	월 일
활동3	직원 채용하기	월 일
활동4	기업가 '나'의 위인전 표지 만들기	월 일

상품을 홍보해요

광고(홍보)가 왜 필요할까요? 아무리 완벽한 상품이라도 알려지지 않으면 소비자의 선택을 받을 수 없습니다. 기업은 상품을 판매하기 위해 다양한 광고와 홍보를 전략적으로 활용하고 있습니다. 이번 장에서는 광고전략을 알아보고 지면광고와 영상광고 제작을 위한 스토리보드를 제작해 보겠습니다.

1 광고 요소 알아보기

1. 기업은 광고를 통해 상품을 널리 알립니다. 광고에는 여러 요소가 있는데, 아래 지면 광고에는 어떤 요소가 실려 있는지 [보기]에서 찾아 적어 봅시다.

보기 기업 캐릭터 상품 사진 가격 판매기업 강렬하고 인상적인 표현 상품명 혜택 기간

기업 로고나 캐릭터

2 슬로건/광고문구 만들기

1 유명한 슬로건/광고문구를 찾아 아래 표를 완성해 봅시다.

우리는 광고와 홍보 속에 살고 있다고 해도 과언이 아닙니다. 기업들은 잘 만든 슬로건이나 광고문구 하나로 상품 판매에 소위 '대박'을 치기도 합니다. 슬로건이란 생각이나 주장을 담은 짧은 문장을 말해요.

브랜드	상품 / 서비스	슬로건/광고문구
시몬스 침대	가구	흔들리지 않는 (　　　　)
나이키	의류	Just (　　) It!
에듀윌	학습서	(　　　　) 시험 합격은 에듀윌
알바몬	취업알선	(　　)도 능력이야, (　　　)를 RESPEC!
팔도비빔면	가공식품	(　　　)으로 비비고 왼손으로 (　　　　)
배달의 민족	배달대행	우리가 어떤 (　　　)입니까?
박카스	가공식품	풀려라 5천만! 풀려라 (　　　　)
MBC	방송서비스	♪ 만나면 좋은 (　　　) MBC 문화방송 ♪
애플 휴대전화	전자제품	Think (　　　　)
BC카드	신용카드	여러분, (　　　) 되세요!
에버랜드	놀이공원	(　　　)을 만드는 사람들
코카콜라	가공식품	Real (　　　)
프링글스	가공식품	한 번 열면 (　　　　　)
둘코락스	의약품	자연스러운 장 리듬으로 (　　　)을!
삼성전자	전자제품	이제는 (　　　　)을 나답게!

2 우리 제품이 잘 판매되도록 해 줄 슬로건이나 광고문구를 만들어 봅시다.

지면 광고 만들기

◆ 기업은 상품 판매를 위해 다양한 형식의 광고를 제작해서 다양한 매체에 선보입니다. 신문에 싣는 지면 광고, 방송에 송출되는 15초, 30초 영상 광고, SNS를 인플루언서를 활용한 간접광고, 드라마 등에 제공되는 PPL, 동영상 플랫폼에 들어가는 쇼츠나 릴스와 같은 짧은 광고 등이 있습니다.

1 앞서 살펴본 광고 요소인 캐릭터, 상품 사진, 가격, 판매기업, 눈길을 사로잡는 문구, 슬로건 등을 넣어 신문 지면에 실릴 광고를 제작해 봅시다.

 **4 영상 광고 스토리보드 만들기**

월 일

1 영상 광고를 만들 때 필요한 스토리보드를 작성해 봅시다. 광고의 길이와 내용을 구상하고 각 장면의 이미지와 설명을 넣어 봅시다.

 스토리보드는 영상제작을 위해 각 장면을 웹툰처럼 스케치하여 작성하는 것을 말합니다. 광고에서는 '콘티'라 말하기도 해요.

비디오(화면설명)	예상 장면(스케치)	오디오(소리 또는 대사)
#1	( )초	
#2	( )초	
#3	( )초	
#4	( )초	

1. 광고에 들어가는 요소에 대해 잘 알게 되었나요? ☆☆☆☆☆
2. 스토리보드가 구체적으로 작성되었나요? ☆☆☆☆☆

상품을 판매해요

이제 판매를 위한 모든 준비를 마쳤습니다. 상점에 물건을 어떻게 배치하느냐에 따라 판매율이 달라지기도 합니다. 다양한 전략을 적용해 상점을 꾸미고 상품을 판매한 후 판매 장부를 기록해 보는 활동을 해 봅시다.

 **1 상점 준비하기**

1 교실에서 상점을 운영한다고 생각하고 아래 사항을 고려하여 상점을 꾸며 봅시다.

| 고려 사항 | 책상배치 | 상품배치 | 지면 광고 배치 | 판매자 위치 | 간판 등 |

2 고객 맞이 준비하기

1. 판매를 하다 보면 고객의 다양한 요구를 받기도 하고 생각하지 못한 상황에 부딪히기도 합니다. 이럴 때 당황하지 않고 고객을 만족시키면서 문제를 해결할 수 있는 고객 응대 매뉴얼을 만들어 봅시다.

기업: 고객님 안녕하세요. 여기는 _____ 입니다.

고객: 저기… 여기는 무엇을 파나요?

기업:

고객: 이거 좀 깎아 주실 수 있나요?

기업:

고객:

기업:

― 물건 구입 한 달 후 ―

고객: 이거 환불 가능할까요?

기업:

4 홍보

판매하기

1 본격적으로 판매를 시작했다면 판매 장부를 매일 기록해 봅시다. 물건의 가격에 판매 개수를 곱하면 매출이 됩니다. 판매를 마친 소감과 개선할 부분도 함께 적어 봅시다. 부록 82쪽

판매 날짜 :   월   일

상품명	가격	판매 개수	가격×판매 개수	메모
합계				

소감 및 개선할 점

판매 날짜 :   월   일

상품명	가격	판매 개수	가격×판매 개수	메모
합계				

소감 및 개선할 점

4 되돌아보기

◆ 지난 2주간 판매활동에 최선을 다한 여러분! 어떤 결과가 나왔나요? 정산 결과를 정리해 보고, 활동을 통해 얻은 것들에 대해 이야기해 봅시다.

1 지난 2주간 판매활동 결과를 아래 표에 맞춰 정리한 뒤 정산해 봅시다.

①총 수익	
②비용	(재료비 + 인건비 + 홍보비 + 기타)
③이익	(총 수익 – 비용 = 이익)

2 판매 과정에서 느끼고 알게 된 점을 정리하고 발표해 봅시다.

① 판매 준비	② 판매 중	③ 판매 후

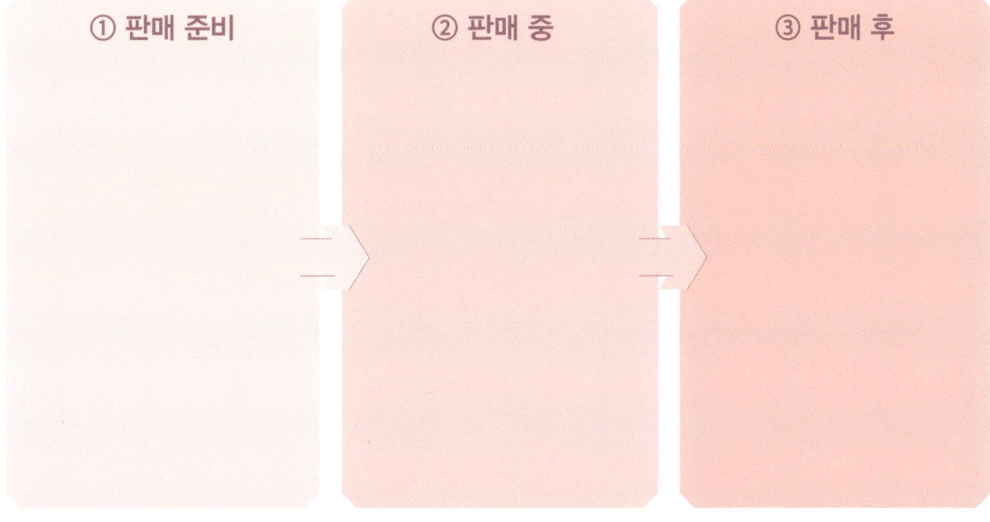

1. 고객과 상점을 모두 고려한 고객 맞이 준비를 했나요? ☆☆☆☆☆
2. 판매과정에서 느끼고 알게된 점을 작성하고 공유했나요? ☆☆☆☆☆

3 더 큰 기업으로 성장해요

기업은 물건을 만들고 서비스를 제공하여 이윤을 얻는 곳입니다. 즉, 기업의 핵심 목적은 이윤추구입니다. **기업은 가격 경쟁, 품질 경쟁, 서비스 경쟁 등 지속적인 개발과 노력을 통해 이윤을 얻고 이를 다시 투자하여 발전합니다.** 작은 상점에서 시작하여 기업으로 성장하기 위해서는 다양한 요소를 고려하며 경영해 나가는 노력이 필요합니다.

1 성장을 위한 다양한 노력

1. 상점이 기업으로 성장하기 위해서는 꾸준하게 매출과 이익이 증가해야 합니다. 비용을 절감하고 매출을 높여 이익을 증가시킬 수 있는 다양한 방법을 생각해 봅시다.

비용을 줄이기 위해 우리 기업이 할 수 있는 일

비용절감

매출을 높이기 위해 우리 기업이 할 수 있는 일

매출증대

우리 기업이 나아갈 길

1 기업이 고객으로부터 꾸준히 신뢰받고 성장해 나가기 위해서는 각 요소에 대한 깊은 철학이 필요합니다. 우리 기업에게 고객이란 어떤 사람인가요? 또 우리 기업이 파는 상품은 어떤 것이어야 하고, 우리 기업 직원은 어떤 마음가짐으로 일을 하나요? 기업이 무엇을 이루려고 끊임없이 노력하고 발전하는지, 최고경영자(CEO)가 되어 작성해 봅시다.

우리 기업에게 고객은 _____
_____이다.

우리 기업이 만들어 나갈 상품은 _____
_____이다.

우리 기업의 직원은 _____
_____한 사람이다.

우리 기업은 더 발전하기 위해 _____
_____
_____을/를 할 것이다.

4 홍보

3 직원 채용하기

1 상점이 어느 정도 규모가 커지면 혼자 힘으로 운영하기 어렵습니다. 사람이 더 필요하죠. 어떻게 공고를 내야 우수한 인재를 선발할 수 있을까요? 직원 채용 공고문을 작성해 봅시다.

 나와 생각이 비슷한 사람과 동업을 하거나 분점을 내어 사업을 확장해 나갈 수 있습니다. 개인이 운영하는 상점(자영업)에서 기업(법인)이 되는 것입니다.

당신의 이력서를 기다립니다

멋쟁이 인재들 모두 _____ 로 모여라

사업부서		업무	
급여		채용 기간	
하는 일			
우리 기업이 원하는 사람			

자세한 내용은 홈페이지를 확인하세요.

4 기업가 '나'의 위인전 표지 만들기

1 지금까지 우리는 기업가 정신을 바탕으로 창업 활동을 진행했습니다. 꽤나 어려운 고비도 있었고 보람찬 순간도 있었죠? 문제를 해결하기 위해 궁리하고 고민하는 과정이 우리를 성장하게 해 주었지요. 자! 자신이 걸어온 길을 되돌아 보고, 나의 이야기가 책으로 나온다면 책 표지는 어떤 모습일지를 상상하여 그려 봅시다.

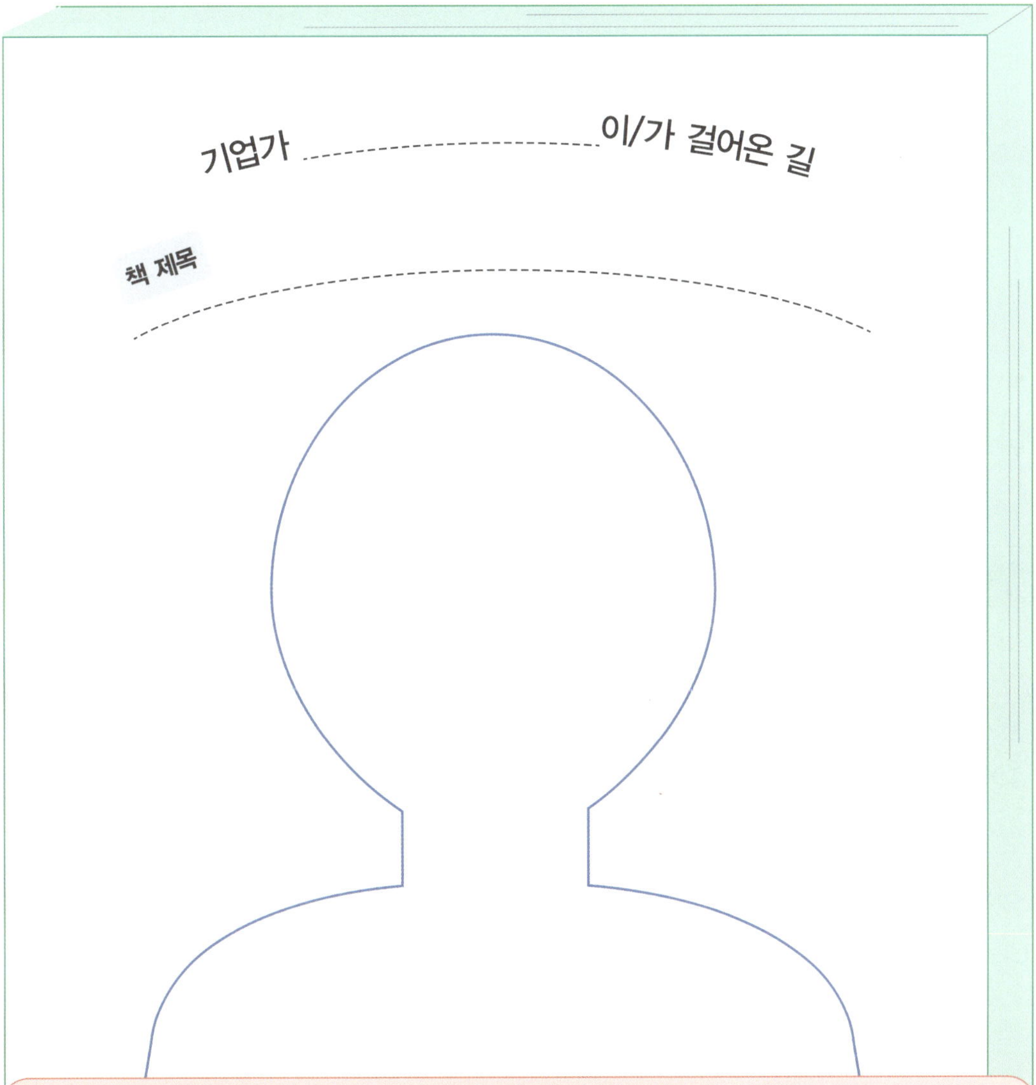

기업가 _____ 이/가 걸어온 길

책 제목

1. 성장하는 기업이 되기 위한 다양한 방법을 알고 있나요? ☆☆☆☆☆
2. 훗날 훌륭한 기업가가 되기 위한 기업가 정신을 마음에 새겼나요? ☆☆☆☆☆

부록

기업가에 대한 책　　　　　　　　　　　　　　1단원 3. 활동2 (19쪽)

도서명(출판사)	기업명
who? 일론 머스크(다산어린이)	테슬라
who? 헨리 포드(다산어린이)	포드
헨리 포드-자동차 시대를 연 미국의 자동차 왕(비룡소)	포드
who? 손정의(다산어린이)	소프트뱅크
who? 빌게이츠(다산어린이)	마이크로소프트
빌 게이츠-컴퓨터가 제일 좋아(그레이트북스)	마이크로소프트
세상의 큰 별, 스티브 잡스(리잼)	애플
who? 스티브잡스(다산어린이)	애플
who? 래리 페이지(다산어린이)	구글
who? 김택진(다산어린이)	NC소프트
정주영-한다면 한다(그레이트북스)	현대중공업
아홉 살 인생 멘토(북멘토) 중 '자신감을 가지려면 정주영처럼'	현대중공업
who? 월트 디즈니(다산어린이)	디즈니
월트 디즈니-디즈니랜드로 오세요(그레이트북스)	디즈니
참 이상한 사장님-기업가 유일한(웅진주니어)	유한양행
유일한-대한민국에서 가장 존경받는 참된 기업인(비룡소)	유한양행
who? 카를 벤츠(다산어린이)	벤츠
책에는 길이 있단다-민족과 교육을 사랑한 으뜸 기업가 대산 신용호(플라이북)	교보문고
희망을 나누어 주는 은행가, 유누스(리잼)	그라민 은행
자연으로 돌아간 노스페이스 창업자 톰킨스(리잼)	노스페이스

문제-해결 카드　　앞면 : 문제 상황　　　　　　　2단원 3. 활동4 (39쪽)

부록 77

문제-해결 카드　　뒷면 : 해결 방안

아이디어 기법 카드

2단원 4. 활동1 (40쪽)

총 비용 장부

3단원 2. 활동1 (50쪽)

총 비용 계산하기

재료 파악하기	재료명(재화)	양(개수, kg 등)	비용
1			
2			
3			
4			
5			
6			
7			
	합계		

노력 파악하기	노력(서비스)	시간	시간당 임금	비용 (시간×시간당 임금)
1				
2				
3				
4				
5				
6				
7				
	합계			

재료 비용 합계 + 노력 비용 합계 = 총 비용

부록 81

판매 장부　　　　　　　　　　　　　　　　4단원 2. 활동3 (70쪽)

판매 장부

판매 날짜 :　　월　　일

상품명	가격	판매 개수	가격×판매 개수	메모
합계				

소감 및 개선할 점

판매 날짜 :　　월　　일

상품명	가격	판매 개수	가격×판매 개수	메모
합계				

소감 및 개선할 점

20   년   월   일

초등창업교실

사업자 등록증

등록번호 : 창업 - _____ - _____

기업 이름 : _____

대표자 이름 : _____

사업 시작일 : _____년 _____월 _____일

기업 주소 : _____학교 ____학년 ____반

_____년 _____월 _____일

사업을 허가합니다.